나는 이미 행복을 시작한 사람입니다

박익환 시집

문학의전당 시인선

나는 이미 행복을 시작한 사람입니다

박익환 시집

문학의전당

시인의 말

신이 만든 가장 위대한 걸작은
다름 아닌 사랑임을,

당신 품 안에서
비로소 나는 깨닫습니다.

2024년 3월
박익환

차
례

시인의 말

제1부

보물 상자 … 13

예쁜 이유 … 14

약속 … 15

긍정의 힘 … 16

내가 행복한 이유 … 18

콩깍지 … 19

매력 … 20

찬비 보내고 … 21

오늘 … 22

당신은 봄입니다 … 24

소중한 사랑 … 25

만우절 … 26

바보 … 28

봄 … 29

사랑의 행복 … 30

때문입니다 … 32

제2부

운명…35

1월…36

고백…37

식목일…38

눈사람…39

유성(流星)…40

착각…42

봄비…43

그리움…44

당신은 나의 꽃입니다…45

비밀…46

인연과 필연…48

사랑학개론…49

죄인…50

절대 비밀…51

사랑의 유효기간…52

제3부

짝사랑 … 55

이후의 일 … 56

꽃의 유효기간 … 57

정답 … 58

행복 비만 … 59

개밥바라기별 … 60

욕심 … 62

절도 … 63

어울러 산다는 것 … 64

가랑비 사랑 … 65

마음의 열쇠 … 66

채송화 … 68

만추 … 69

고백 2 … 70

중년 … 71

살아야 할 이유 … 72

제4부

예쁜 거짓말 … 75

당신이라는 결론 … 76

낮달 … 78

추석 … 79

세입자 … 80

사랑의 주정꾼 … 82

사랑학개론 2 … 83

좋은 말 … 84

발견 … 86

가을 편지 … 87

중년의 사랑 … 88

아름다운 비밀 … 90

행복한 술래 … 91

새침데기 … 92

꽃 … 94

예쁜 심술 … 95

낮달 2 … 96

제5부

예쁜 착각 … 99

민들레 씨앗이 바람에 날리는 이유 … 100

만우절 2 … 101

최선이란 그런 거니까요 … 102

짝사랑 2 … 104

기부 … 105

실수 … 106

그리고 봄 … 108

벚꽃 … 109

정말 이상해 … 110

반성 … 111

어머니 … 112

페이소스 … 114

사랑의 채널 … 115

실천 … 116

근황 … 117

사랑 … 118

제1부

보물 상자

이 세상에서
가장 귀한 보물 상자는
내 가슴에 있습니다

그곳에
당신이 계시거든요

예쁜 이유

꽃잎은
당신의 미소를 닮고,

향기는
당신의 마음을 닮았으니,

꽃이 예쁠 수밖에요

약속

할 수 없네요

내 마음을 다 편지로 부쳐 놓고
아직도 당신 생각을
그대로 갖고 있지 뭐예요

아무래도
직접 건네야 할 것 같아요
약속이 필요해서요

언제쯤 볼까요?

전 빠를수록 좋습니다

긍정의 힘

걷다 보면
길이 아닌 곳이 없습니다.

다만 누가 먼저 걸어갔느냐의 차이일 뿐,
앞서간 길을 따라 걸어도
낯선 것이 길입니다.

긍정은 어떤 길도
예쁘고 아름답게 만듭니다.

날마다 거울 앞에서
행복하다고 속삭여 보세요.
습관처럼
미소가 지어질 겁니다.

긍정은 멀리 있는 게 아니라
마음속에 있기에
꺼내 쓰기만 하면 됩니다.

가만 가슴에 손을 얹었을 때

심장이 두근거린다면

나는 이미 행복을 시작한 사람입니다.

당신은 어떤 사람입니까?

내가 행복한 이유

너무 예뻐서
꼼짝할 수가 없었습니다

너무 아름다워서
바라볼 수가 없었습니다

너무 눈부셔서
다가갈 수가 없었습니다

콩깍지

콩깍지라니요?

당신을 처음 본 그날이
내 생애
최고의 순간이었습니다

매력

나를 보여주는 게 아니라 살짝 들키는 겁니다

찬비 보내고

가슴 한편에
간신히 기댄 그리움이
참 멀리도 갔습니다

남은 건 젖은 미소뿐
목소리도 없습니다

너무 젖어서
어쩌면 너무 아파서
잘 갔을지 모르겠습니다

만약 다시 그리워지면
그리움 때문인지 아세요

너무 먼 당신,
그래도 많이 보고 싶습니다

오늘

사랑아,
우리라는 이름으로
참 멀리도 왔구나

망설임은 길고도 멀었구나

어쩌면 아플지도 모른다며
천천히 생각하자고
숱하게 달랜 기억이
멋쩍게 웃고 있구나

한순간도 우리라는 이름을
벗어난 적 없기에

꽃보다 예뻐서
사랑이라는 말조차도
부러워한 적 없었는데

열병을 앓고

불치병을 앓고

죽을 듯이 살았구나

당신은 봄입니다

온 세상이 다
당신을 닮았는데

사람들은
봄이라고 말을 합니다

난 그 이유를
잘 알고 있습니다

너무 따뜻하고
너무 행복하니까요

당신을 숨긴 내 가슴이
사계절 봄이거든요

소중한 사랑

사랑만큼
나를 많이 울게 한 것도 없다.

만우절

달그락거리며
문자 한 줄이 도착했다

뭘까?

고맙다고
너무 행복하다고
사랑한다고

이모티콘과 함께
눈부신 새가 날아들었다

미안,
내가 먼저 전하지 못해서……
멋쩍게 톡을 보내자
깔깔거리며
오늘 무슨 날인 줄 알아?

바보,
만우절이잖아

바보

사랑도 너무 깊으면
죄가 된다는 걸

나는 몰랐습니다

어쩔 수가 없었습니다

욕심이 생겼고
실천으로 옮겼거든요

봄

바보, 혼자 오라니까
또 연두와 함께 오셨군요

내가 연두에 빠져버리면 어쩌려고

사랑의 행복

살면서 가장 큰 행복은
사랑일 거예요.
사랑은 가난조차도
한 폭의 수채화로 만들어
따뜻하게 만들거든요.

가슴속에 누군가가 있다는 것만으로도
행복한 사람이라는 걸 느끼는 데는
많은 시간이 필요치 않습니다.
사랑은 잠시의 틈도 없이
동행하기 때문입니다.

아침이 오면 이슬을 꿰어
목걸이를 만들고
한 줌 햇살로 반지를 만들 수 있다면
관계는
한층 더 성숙해질 것입니다.

그만큼 간절해야 하고
또 진심을 다해야 하는 게 사랑입니다.
수시로 곁을 확인해야 함은
필수입니다.

사랑하세요.
사랑보다 큰 행복은 없습니다.

때문입니다

만약에
이 세상을 사는 이유가
사랑 때문이라면

내가 사는 이유는
순전히 당신 때문입니다

제2부

운명

모르는 척 시치미를 떼고 있지만

우린 이미 닮아가고 있습니다

1월

사랑은
둘이서 하는 거래요

그래서 고민입니다

내겐
1밖에 없거든요

고백

지금껏 꼭 감추며 살았는데 이젠 밝힐 때가 됐습니다

누군가에게 세 들어 사는 동안

단 한 번도
세를 낸 적이 없었습니다

식목일

아주 먼 훗날
우린 너무 행복했다고
당당하게
꽃을 피워올릴 수 있는
한 그루
장미를 심겠습니다

눈사람

오늘은

꼭 보듬어 주고 싶은데

녹아 사라질까 봐서요.

내 가슴에

예쁜 첫눈이 왔거든요.

유성(流星)

우체국에서
당신의 주소를 물었습니다.

그런데
너무 멀어서 알 수가 없데요.

바보,

사실은 당신이 계시는 곳
난 다 알고 있거든요.

어두워지면 아파할까 봐

흐르는 별로
내 가슴에 오는 당신인데

오실 때마다
그리움만 주고 가셨습니다.

바보처럼

또 투정을 부렸습니다.

착각

사랑은 믿는 거래요.

그런 줄 알면서도 늘 불안한 건
다, 당신 때문입니다.

볼수록 너무 예쁘니까요.

봄비

당신 생각에
한숨도 못 잤는데,

내 마음이 들켰나 봅니다
창밖에 비가 오네요

봄비라니요?

한평생
내 귓전에 맴도는
그리움입니다

그리움

이제는 익숙해질 만도 한데,

어둠이 채 가시기도 전에
또 보채기 시작합니다.

당신이 계신 곳은 알겠는데
우체국에서
배달이 안 된다고 해서요.

가슴에 쓴 편지를 건네려면
그리워할 수밖에요.

당신은 나의 꽃입니다

가슴에 핀 꽃은
누군가를 그리워하는 거래요

내 가슴에
당신이 살아 계시는데
설마 꿈은 아니겠지요

늦잠이 든 척
당신을 살피겠습니다

당신이 웃음꽃을 피우면
그때 일어나겠습니다

사랑은
꿈도 행복한 거니까요

비밀

내 마음을
당신께 공개하는 거예요.

어쩌면 불합리한
일방의 약속일 수 있지만
잘하면 예쁜 추억 속에서
무지개 숲을 만들 수 있습니다.

한 번쯤은 경험이라는 소문이
풍문으로 들려도
추억으로 포장하기에는
너무 진지하고 아름다워서

대부분은
지금도 진행 중이랍니다.
난 부지런한 농부가 되어
날마다 꽃을 가꾸는걸요.

우리 사랑은
짙고 무른 연필로
가슴에 편지를 쓰는 겁니다.

아침이 오면
밤새 쓴 편지를 들고
싱그러운 길을 나설 거에요.

당신은 화장을 하고 계시네요.
난, 연필을 깎고 있습니다.

인연과 필연

애써 인연을 만들려 하지 마세요

필연은 굳이 잡지 않아도 그림자처럼 다가오는 법이니까요

사랑학개론

이 별에서

사랑이 죄가 된다는 걸

당신과 이별하고 알았다

죄인

살기 위해서
사랑을 선택했습니다

오늘부터 나는 죄인입니다

절대 비밀

꽃구경 간다고 하도 마음이 들떠 있어서
잠시,
외출을 용인했습니다

아무래도 내가 뭔가 실수를 한 것 같습니다

사랑의 유효기간

너에게 줄

별을 따기 위해

사다리를 만들 때부터

밤하늘에 올라서서

제일 화려한 별을 따

너의 가슴에

예쁘게 달아 주는

그 순간까지다

제3부

짝사랑

누구에게도 들키고 싶지 않은 작은 잉걸불이 가슴속에 타오르는 것이다.

이후의 일

세상을 제법 살았으면서도
다시 걸음마를 배우는 심정으로

새벽을 열고
귀를 기울이게 되었고
그리움을 배우게 되었습니다

당신이 내게 온 이후의 일입니다

성냥불이 필요한데
당신은 그리움만 주셨거든요

꽃의 유효기간

꽃은 유효기간이 없습니다.

늘 누군가가 필요로 하기 때문입니다.

그 꽃이
내 마음속에 필까 봐
걱정입니다.

꽃에 취할 자신이 없기 때문입니다.

정답

자기야,
사랑이 뭔 줄 알아?

응, 알지.
뭔데?

지금 당신이 보고 있잖아.

흐,
어떻게 알았지.

행복 비만

오늘
검진을 받았는데요.
비만이래요.

너무 심하다고 하네요.

이대로 살죠, 뭐.
당신이 주신 거니까

살아, 살아
지켜야 할 행복이니까요.

개밥바라기별

당신의 시선에서 벗어나고 싶었어요.
그런데 왜 가슴이 뛰나요.
바람에 젖은 달빛을 피해
내 마음이 보일까 숨었습니다.

당신의 기억 속에서
나는 외로운 사랑을 선택합니다.
행여 당신이 싫다고 해도
던진 주사위는 내 편이기에
그 마음에 동의하진 않을 거예요.

가끔 새벽하늘에
촛불처럼 흔들리는 별빛 하나가 있다면
당신인 줄 알고 있겠습니다.
부디 꺼지지 말고 오래
그 자리를 빛내 주세요.

꽃잎은 저도

바람을 안고 가듯이
나 또한 당신을 품고 흘러가겠습니다.
세월이 아무리 오래 흘러도
난 당신 곁에서
이름 모를 꽃으로 피어날게요.

욕심

욕심이라니요

내 안에는
내가 없기에
통제가 안 될 뿐입니다

나도 설마 했습니다

어젯밤엔
한숨도 못 잤는걸요

절도

내 마음을 훔쳐 간 사람을
신고하러 갔다가
그냥 되돌아왔습니다.

만약에
사실을 따지다 보면
주범과 공범이
바뀔지도 모르니까요.

아직은
제가 공범이거든요.

어울려 산다는 것

가끔은 맨발로 풀밭을 거닐며
주변을 살펴보세요.

틈이 없으면
햇빛이 들지 못하고
어둠 속에서 고독해집니다.

너무 깨끗한 물에는
물고기가 살 수 없는 것처럼

어울려 산다는 건
서로의 틈을
조금씩 보완해 주는 거예요.

가랑비 사랑

사랑은

가랑비처럼 하지 마세요.

소나기는 강둑을 무너트릴 뿐이지만

가랑비는

한 사람의 인생을 무너트릴지도 모릅니다.

마음의 열쇠

지금껏
고이 간직한 열쇠입니다

이제
주인께 돌려드리겠습니다

처음엔 수줍어서
조금은 어색할지도 몰라요

하지만 괜찮습니다

우리라는 이름은
다들 그렇게 시작하니까요

행복의 크기가 얼마나 될까
가슴이 두근거립니다

확인을 부탁하겠습니다

노을이 물든 그 찻집에서
기다리겠습니다

지금부터
내 가슴엔 내가 없습니다

채송화

너무 보고 싶어서,
몰래 숨어서 피었습니다

이름이 뭐냐고 묻기에
가만 웃으며
그리움으로 피는 꽃이라고
대답했습니다

내 이름은 채송화입니다

만추

미안해

너를 생각하다가 가슴이 다 타버렸어

차라리 고백을 하고 말걸……

고백 2

서두르세요

막차가 오고 있거든요

중년

단풍 구경 가는 사람들을 보며
참 많이도 흉을 봤는데

앞산에 붉게 물든 단풍을 보고 있자니
내 마음도 어느새
빨갛게 물이 들었어요

설마 아니겠지
고개를 갸웃거려 봐도
내가 분명합니다

혹시 마음의 상처 때문일까요
가만 가슴을 열어 봤더니

온통 당신 생각뿐입니다

살아야 할 이유

이것 하나만
기억하시면 돼요

혼자가 아니라는 사실—

그것만으로도
살아야 할 이유가 생겼습니다

제4부

예쁜 거짓말

다들 꽃이 예쁘다고 하네요
향기롭다고도 하고요

정말 웃기지 않아요?

꼭 당신을 본 것처럼

당신이라는 결론

당신께 위탁합니다.
난 이미 시작했거든요.
사랑 말이에요.

나를 도저히 통제할 수가 없어
하얀 겨울 숲에
이름 하나를 새겼습니다.
촛불도 켜고 말이에요.

길을 걷다가
우연히 만난 사람
황홀한 질문에
혼자서는
답을 쓸 수가 없었습니다.

긴 겨울을 고민했지만
결론은 당신입니다.

저, 어때요?

세상에서 유일한 길을
당신과 함께하면 좋겠습니다.

낮달

바보,

그렇게 높이 떠 있으면

누가 모를 줄 알고……

추석

어머니,

올해도
보름달이 뜨겠지요

늘 치성으로 받들던
그 둥근달이
그리움으로 뜨겠지요

그래서 기다려집니다

그 둥근달 속엔
당신의 미소가
출렁이고 있을 테니까요

세입자

당신께 열쇠를 드리겠습니다.
세상에서 하나뿐인 열쇠입니다.

세상에서
오직 단 한 사람만 열 수 있는
특별한 열쇠이기에
이걸 드리고 나면
나는 남는 게 없습니다.

이제부터
난 무주택자입니다.
당신이라는 감옥에 갇힌
수인(囚人)입니다.

그래도 좋습니다.
내 모든 것 당신에게 달렸으니까요.
이제부터 나는
당신의 세입자입니다.

당신께,

영원히 세 들어 살겠습니다.

사랑의 주정꾼

사랑이
이렇게 달콤한 줄 알았다면
진즉에
술주정뱅이가 될 걸 그랬어요
사랑의 주정꾼 말이에요

지금도 취해서
막 두근거리고 있거든요

사랑학개론 2

사랑은 꽃보다 가까이 있습니다

누군가를 사랑하면서 배우게 된 이치입니다

좋은 말

말에도 온기가 있습니다

우연히 뱉은 말 한마디가
칼보다도 독해서
누군가에게 상처를 주기도 합니다

같은 옷이라도 입는 사람에 따라
명품과 싸구려가 되듯이
똑같은 말이라도
울고 웃는 잣대일 수 있습니다

노력 없는 부자가 없듯이
예쁜 말도 연습이 필요합니다

칭찬해 주고
미소가 곱다고 말해 주세요
사랑만 하기에도
하루는 너무 짧다고 말해 주세요

좋은 말은

아파도 눈물이 없고

울어도 소리가 없습니다

말을 할 때는

설득 대신 감동을 주세요

발견

몸은 쓸수록
세월을 닮아 가지만

마음은 쓸수록
청춘을 닮아 갑니다

가을 편지

가을이 온 줄도 몰랐습니다

장맛비에 쓸려 내려간
앞집 수현이 책가방 생각하다가

내 눈동자가 빨갛게
물이 들었으니까요

중년의 사랑

중년이라고 사랑이 없겠습니까

지나간 청춘이 아플까 봐
희미한 기억을 잡고
가만 안부를 묻는 거지요

오래 묵은 향기에 취해
스스로 벌과 나비가 되어
꽃을 찾아 헤매는 겁니다

세월이 아프고 쓰릴 때
꽃의 위로가 필요할 때

별 하나를 붙잡고
아픈 눈물을 마시는 것이
중년의 사랑입니다

누군가를 가슴에 둔 게 죄라면

기꺼이 벌을 받겠습니다

사는 게
무슨 미련이 있겠습니까

아름다운 비밀

꽃이 예쁜 이유를 알았습니다.

당신이 아니었으면
영원히 풀지 못했을 수수께끼

꽃은 비바람 속에서도
자태를 잃지 않는다는 걸

당신을 사랑하면서 배웠습니다.

행복한 술래

천만다행입니다

내게는 아직 사랑할 기회가 남았으니까요

이제 찾기만 하면 될 것 같습니다

방금 이름표를 주웠는데

예감이 딱 맞았습니다

새침데기

가끔은,
당신의 말에
달콤한 미소를 짓습니다

당신 참 예쁘다고 하면
피, 예쁜 사람이 쌓였는데
아부라는 것 다 알아
입술 뾰족 내밀며
메롱!

들며 나며
거울을 훔쳐보는 사람
좋아서일까
진짜 예뻐서일까

난 다 알지
비록 새침해 보였지만
많이 행복해한다는 걸

그러면서

점점 더 예뻐진다는 걸

꽃

볼수록 아름답고

생각할수록 더 아름답습니다

예쁜 심술

달님은 참,

엉뚱한 데가 있어요

꼭 내가 슬픔에 빠져 있을 때만

얼굴을 보여주거든요

낮달 2

바보,

누가 모를 줄 알고……

지금 한밤중인데 어떻게 왔겠어?

보나 마나 꿈이겠지 뭐,

그래도 다시 보니
참 좋네

제5부

예쁜 착각

정말 미안합니다

봄이 왔다고
마음이 들떠 있었어요

사실은
꽃이 오신 겁니다

민들레 씨앗이 바람에 날리는 이유

민들레 씨앗이
하늘 높이 날아오르는 이유를
당신은 모를 거예요

날지 않으면
죄인처럼
기어서 가야 하기 때문입니다

만우절 2

평생
공주처럼 떠받들며 살겠노라고
새끼손가락 걸며
맹세했었다

당신 없이는 난 죽은 목숨이라고
나 좀 살려달라고
애원했었다

그날 이후

모든 날들이 만우절이었다

최선이란 그런 거니까요

아침마다
확인을 해야
숨을 쉴 수가 있습니다

비록 우리 사랑이
짧아 보여도
행복으로 포장을 하면
긴 시간임을 믿기에

있는 힘을 다해
확인해야 했습니다

최선이란 그런 거니까요*

어쩌면
욕심이라고 하겠지만
나는 내 가슴의 명령에
충실할 뿐입니다

살아가는 동안

우리는 내내 어리둥절할 테지만

사랑은

그런 거니까요

※이규리 시집, 『최선은 그런 것이에요』에서 변용.

짝사랑 2

눈이 부셔서
바라보질 못하니

가슴에
새길 수밖에 없습니다

이젠 꺼낼 만도 한데
아직은 술래라서

먼 길을
돌아가고 있습니다

시간은
다소 걸리더라도

끝까지 짊어지고 가야 할
짐입니다

기부

세상에서
가장 행복한 부자는
베풀 줄 아는 사람이고

세상에서
가장 위대한 부자는
베풀 곳을 찾는 사람입니다

실수

미안합니다
어제는 사랑한다고 고백해 놓고
깜빡,
그냥 왔지 뭐예요

잠을 깨어 보니
입술만 가득
머리맡에 놓여 있었습니다

살면서 가끔
실수도 하잖아요
어제는 제게
그런 날이었습니다

고백이 고백을 업고
입술이 입술을 업고
실수가 실수를 업고

집에 돌아와서는
내내 후회만 하게 되는

그리고 봄

똑똑,
누가 오셨나 봐요

아직 이른 아침인데

누굴까?
가만 창문을 열었더니

민들레입니다

쑥스러운지
고개를 숙이고 있네요

그리고 봄

신의 전령이
나에게도 찾아왔습니다

벚꽃

꿈길을 걷다가
전화를 받았습니다

지금 빗속에 갇혀 있다고,
젖지 않는 빗속에 우두커니 서 있다고,

아차 싶어 천장을 열었더니
꽃비가 한창입니다

꽃이
꽃을 부르는 소리가
지천입니다

정말 이상해

너를 생각하면
가슴이 얼마나 뜨거운지
꼭 커피를 마시곤 해

웬 커피냐고?

물론 난 냉수가 좋아
하지만 네가 커피를 좋아하잖아

어쩔 수 없어
너를 따르는 게 내겐 행복이야

반성

나보다 더 아파하는 이 별에서의 여행이 나는 늘 행복했습니다.

어머니

얼마나 울고 싶어서
그 많은 아픔을 다 담으셨어요.
산다는 게 한평생은 아닌데
그냥 버릴 건 버리시지
늘 노심초사하신 어머니.

장독대엔 촛불이 휘청거리고
밤하늘조차 애가 타
환하게 달빛을 떨어트렸지요.

바둑이 짖는 소리에
아버지가 오신다고
버선발로 나서시던 어머니,

반쯤 기울어진 사립문이 일어나
어머닐 부축해 주던 기억이 나요.

우산대가 망가져 삐쭉 고개를 내민

파란 비닐우산을 들고
나는 괜찮다고
어머니는 옷을 적시며
일생을 바치셨습니다.

어머니,
만약에 제가 세월을 걷다가
어머니가 보고 싶어 찾아 떠나면
손 내밀어 제 손을 잡아 주세요.

그곳이 아무리 멀고 힘이 들어도
어머니가 계시는 곳
그곳이 나의 고향입니다.

페이소스

당신,
난 아파도 괜찮습니다

사랑의 채널

방금 리모컨을
택배로 보냈습니다.

술 한잔하면서
이쪽저쪽 돌려 보세요.

사계절이 온통
신나는 바다일 거예요.

당신이 만들어 주신
사랑 덕분입니다.

감독부터
주연, 조연까지
모두가 다 당신입니다.

이 채널,
오늘부터 고정입니다.

실천

무엇을 미워하고
무엇을 아파하겠습니까?

잠시 눈을 감고 주변을 둘러보세요.
누구의 잘못이 아닙니다.

세상이 나를 믿지 못해도
어딘가 그늘이 되어줄 한 그루 나무가 있다면
그 나무 그늘 아래서
눈물을 닦아도 좋습니다.

오늘을 살고 있는 저 목련나무에게
꽃은
고통이자 기쁨인 것처럼

무엇을 미워하고
무엇을 아파하겠습니까?

근황

요즈음 나는,

난로를 켠 듯 마음이 훈훈하고
아카시아 꽃처럼
입술도 향기롭습니다

말도 예쁘게 하고요

누구 때문일까요?
많이 변했습니다

설마,
나쁜 건 아니겠지요?

사랑

스스로 만든
가장 아름다운 고통

때로는 아니라고
고개를 젓지만

가슴이 먼저 거부하는
영원한 불치병

문학의전당 시인선

나는 이미 행복을 시작한 사람입니다

ⓒ 박익환

초판 1쇄 인쇄　2024년 3월 14일
초판 1쇄 발행　2024년 3월 21일
지은이　박익환
펴낸이　김석봉
디자인　헤이존
펴낸곳　문학의전당
출판등록　제448-251002012000043호
주소　충북 단양군 적성면 도곡파랑로 178
전화　043-421-1977
전자우편　sbpoem@naver.com

ISBN　979-11-5896-637-9　03810

*이 책의 판권은 지은이와 문학의전당에 있습니다.
*양측의 서면 동의 없는 무단 전재 및 복제를 금합니다.
*잘못 만들어진 책은 바꿔드립니다.